AF358103

1867. 23 Mai

CATALOGUE

DE

TABLEAUX

ANCIENS & MODERNES

DES DIFFÉRENTES ÉCOLES

DONT LA VENTE AURA LIEU

HOTEL DROUOT, SALLE N° 5

Le Jeudi 23 Mai 1867,

A DEUX HEURES

Par le ministère de Me **COUTARD**, Commissaire-Priseur,
rue de la Chaussée-d'Antin, 24,

Assisté de M. **HORSIN DÉON**, Peintre, rue des Moulins, 15,

CHEZ LESQUELS SE DISTRIBUE LE PRÉSENT CATALOGUE

EXPOSITION PUBLIQUE

Le Mercredi 22 Mai 1867, de une heure à cinq heures

PARIS

RENOU & MAULDE

IMPRIMEURS DE LA COMPAGNIE DES COMMISSAIRES-PRISEURS

Rue de Rivoli, 144

1867

CATALOGUE

DE

TABLEAUX

ANCIENS & MODERNES

DES DIFFÉRENTES ÉCOLES

DONT LA VENTE AURA LIEU

HOTEL DROUOT, SALLE N° 5

Le Jeudi 23 Mai 1867,

A DEUX HEURES

Par le ministère de M° **COUTARD**, Commissaire-Priseur,
rue de la Chaussée-d'Antin, 24,

Assisté de M. **HORSIN DÉON**, Peintre, rue des Moulins, 15,

CHEZ LESQUELS SE DISTRIBUE LE PRÉSENT CATALOGUE

EXPOSITION PUBLIQUE

Le Mercredi 22 Mai 1867, de une heure à cinq heures

PARIS

RENOU & MAULDE

IMPRIMEURS DE LA COMPAGNIE DES COMMISSAIRES-PRISEURS
Rue de Rivoli, 144

1867

CONDITIONS DE LA VENTE

Elle sera faite au comptant.

Les Acquéreurs paieront CINQ POUR CENT en sus du prix d'adjudication.

L'Exposition mettant les Acquéreurs à même de se rendre compte de l'état des Tableaux, il ne sera reçu aucune réclamation une fois l'adjudication prononcée.

DÉSIGNATION

DES

TABLEAUX

ÉCOLE FRANÇAISE

ANDRIEUX

1 — Le Garde champêtre.

BEAUBRUN (HENRI)

2 — Portrait d'Homme en empereur romain.

BOUTON

3 — Intérieur de l'Église de Sainte-Geneviève. (Esquisse.

BUDELOT

4 — Paysage et Figures.

CHERON (E.)

5 — Le Rêve du Pâtre tristement interrompu.

COIGNET (Jules)

6 — Sous bois.

7 — Paysage montagneux avec cascade. Vue prise dans les Pyrénées.

8 — Vue de Suisse avec fabriques, figures et animaux.

9 — Perdrix rouge suspendue par la patte. (Pastel.)

10 — Bécassine suspendue par une patte. (Pastel.)

COLLIN

11 — La Nymphe amoureuse.

12 — Sylvain et Cyparis.

DUPRÉ (Attribué à Jules)

13 — Paysage.

FEREY

14 — Deux Paysages faisant pendants.

GREUZE (Attribué à)

15 — L'Oiseau mort.

Une jeune fille blonde, le coude posé sur une cage, la tête appuyée sur sa main, contemple avec douleur son petit oiseau chéri qui a cessé de vivre.

De forme ovale, ce gracieux tableau est ancien et doit être de la fille aînée de Greuze, qui a exécuté de charmantes copies d'après son père.

GUDIN

16 — Mer houleuse. Effet de lune.

17 — Mer houleuse.

GUÉRARD

18 — Jeune femme couchée sur un canapé et lisant une lettre.

HUET

19 — Le Chevalier de Marigny et Mme de Pompadour.

Le frère et la sœur sont représentés jeunes, et se reposent dans un parc après s'être occupés de jardinage. Le costume de la jeune fille est des plus élégants : il est de fine toile et de soie rose.

JULIEN (Simon)

20 — Les Amours vénales.

Dans les nuages, une jeune femme nue, autour de laquelle une draperie soyeuse voltige, tient une bourse abondamment remplie et cherche à échapper à un groupe d'amours qui l'entourent ou qui arrivent à elle.

Ce joli tableau, signé Fragonard, est fin d'exécution et d'une grande fraicheur de couleur.

LAFOND (Alexandre)

21 — Femme couchée.

LONGUET

22 — Nymphe et Amour.

23 — Le Repos.

MIGNARD

24 — Portrait de la maréchale de Lesdiguières.

Elle est assise devant une table, tient un crayon d'une main et de l'autre maintient un papier sur lequel elle dessine.

POPELIN

25 — Paysage.

SANTERRE

26 — Une Cuisinière.

Debout devant une table sur laquelle sont des oignons, elle s'apprête à fendre en deux un gros chou.

TROYON

27 — Moutons au pâturage.

C. L. B. (Signé du monogramme)

28 — Jeune Femme s'amusant à faire babiller son perroquet.

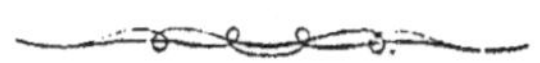

ECOLES ALLEMANDE, FLAMANDE & HOLLANDAISE

BREUGHEL (Pierre)

29 — La Mort de la Vierge.

Soutenue par une femme et à demi couchée dans un grand lit à balda-
quin, entourée d'amis de tous âges, agenouillés et en pleurs autour d'elle,
la Vierge reçoit des mains d'un évêque un cierge allumé.

Rien ne manque à cette dernière cérémonie : le crucifix sur un oreiller
est déposé au pied du lit, comme aussi sur un coffre, le bénitier et le
goupillon. Le capucin porteur de sonnette y est aussi à genoux. C'est,
en un mot, un fidèle épisode des mœurs et coutumes du milieu du
xvie siècle.

Cette curieuse peinture exécutée en grisaille est gravée.

DURER (Albert)

30 — La Cène.

Assis à table avec ses douze disciples, Notre Seigneur institue le sacre-
ment de l'Eucharistie. Les apôtres se partagent le pain sacré, et saint
Jean s'incline vers Jésus, à la droite duquel il est placé. Au bout de la
table, Judas se voit cherchant à dissimuler la bourse, prix de la trahison
promise.

Cette scène se passe dans l'intérieur d'une pièce souvent répétée dans
les œuvres d'Albert Durer. Au reste, ce joli tableau soutient honora-
blement son attribution par la finesse et l'harmonie de sa couleur.

EYCKEN (R. Van)

31 — La Marchande de poissons.

GORP (Van)

32 — Le Billet doux.

HEINSIUS

33 — Le Sommeil de Diane.

RUWASSEG

34 — Paysage montagneux avec cascade.

ROTTENHAMER (Jean)

35 — Diane découvrant la grossesse de Calisto.
Composition de vingt figures animant un paysage mystérieux et boisé.

SCHOTEL

36 — Marine sur les côtes de Hollande.

STAVEREN (Van). Signé

37 — Le Marchand de poissons.

VERHEYEN

38 — Une Porte de ville en Hollande.

WAUTERS (Ch.)

39 — Bethsabée au bain.

40 — Un Aveugle et son Chien.

ÉCOLE ITALIENNE

BOSCHI (Francesco)

41 — Un Satyre endormi.

CRESPI (Daniel)

42 — Le Rieur.

On lit sur la partie supérieure du tableau : *Vinzentius Campus cremonesi effigies.*

ROSETTI (Cesare)

43 — L'Ange gardien. (Peinture sur ardoise.)

VÉRONÈSE (Alexandre)

44 — Chevalier prenant congé de son souverain. (Grisaille.)

DIVERS

45 — FRANCK. Le Calvaire.

46 — GÉRARD (École de). Femme jouant de la harpe.

47 — BOUCHER (D'après). Le Nid d'oiseaux.

48 — ÉCOLE FRANÇAISE. Portrait d'un gentil homme.

49 — ÉCOLE BOLONAISE. Magicienne invoquant la Beauté et les Amours.

50 — TAUNAY (École de). Paysage avec cascade.

51 — ROEHN (D'après). L'Absence du maître.

52 — GRIFF. Lièvre pris au gîte.

53 — CHERET. Paysage avec route.

54 — VIJARD. A. (Signé). Paysage.

55 — ÉCOLE HOLLANDAISE. Femme pelant des pommes.

56 — ÉCOLE FLAMANDE. Paysage avec route.

57 — CORRÈGE (D'après). La Vierge adorant l'Enfant Jésus.

58 — HENRI DE MARSEILLES. Paysage-marine.

59 — ÉCOLE FRANÇAISE. Paysage. Effet d'hiver.

60 — Id. Intérieur d'écurie.

61 — Id. Perdrix et Oiseaux.

62 — SARAZIN. Petit Paysage-marine.

63 — ÉCOLE NAPOLITAINE. Le Marchand de friture.

64 — BRAUWER (Genre de). Intérieur de tabagie.

65 — CRÉPIN. Paysage avec rivière.

66 — ÉCOLE FRANÇAISE. Groupe d'Amours. (Grisaille.

67 — Id. Paysage accidenté.

68 — ÉCOLE ITALIENNE. L'Annonciation.

69 — ÉCOLE FRANÇAISE. Intérieur de cuisine.

70 — TAVELLA. Paysage, site d'Italie.

71 — CERQUOZZI. Saint Jean donnant le baptême.

72 — PIETRE DE CORTONE. La Présentation au Temple.

73 — SWEBACK. Marche militaire.

74 — BERTIN. Paysage.

75 — BOILLY. Groupe. Étude.

76 —   Id.   Tableau commencé.

77 — ÉCOLE FRANCAISE. Huit petits Portraits. Pastel.

CURIOSITES

78 — Un Nid d'Amours. Sculpture en marbre, un des derniers ouvrages de HOUDON.

79 — Un Lazzarone. (Terre cuite.)

80 — Une Pastorale. (Biscuit.)

81 — Une Théière. Porcelaine de Chine.

RENOU ET MAULDE, imprimeurs de la Compagnie des Commissaires-Priseurs, rue de Rivoli, 144.   4233

www.ingramcontent.com/pod-product-compliance
Lightning Source LLC
La Vergne TN
LVHW010855180726
843502LV00010B/3913